Mestres da Música no Brasil

André Diniz e Juliana Lins

PAULINHO DA VIOLA

1ª edição
São Paulo, 2006

Este livro é uma "contação" de histórias da vida de Paulinho.
Que saudades temos das divertidas "contações" de história do mestre
André Luiz Trouche. Abraços carinhosos, amigo grande.

Moderna

William

© DIVULGAÇÃO/AE

Velha Guarda da Portela. Ao centro, agachado, o compositor Monarco e à esquerda , em pé, observando o grupo, o jovem Paulinho, 1963.

É domingo, uma bela manhã de primavera do ano de 1964. A ala de compositores de uma das escolas de samba mais tradicionais do Rio de Janeiro está, como de costume, reunida na quadra. Regados a bebida e caldinho de feijão, Alfaiate, Ventura, Casquinha, Monarco e Candeia estão puxando os sambas. As pastoras, como são chamadas as mulheres que fazem o coro, se juntam à cantoria, e todos formam uma das mais alegres rodas de samba de toda a cidade. É bonito mesmo de se ver.

Enquanto isso, num ônibus, a caminho dali, o jovem Paulo Cesar Baptista de Faria treme só de pensar que em pouco tempo vai estar ali, enfiado no meio dos bambas da Portela. Sentado ao lado dele está seu grande amigo e "quase primo" Oscar Bigode. Os dois se conhecem desde criança.

Bigode é o diretor de bateria da Portela, que depois de muita insistência conseguiu convencer o jovem compositor a conhecer a escola.

Velha Guarda da Portela, 1998.

"Paulo" — Bigode já havia insistido uma dezena de vezes — "lá é que estão os maiorais do samba! Você precisa conhecê-los!"

Nesse tempo, Paulinho já conhecia os compositores da Escola União de Jacarepaguá, onde lançou um samba chamado *Pode ser ilusão*. Mas se meter no meio dos cobras da Portela chegava a dar-lhe um frio na espinha! A Portela acabara de vencer o Carnaval carioca, com o enredo *O segundo casamento de D. Pedro II*, e já se tornara a escola mais vitoriosa do Rio de Janeiro.

O tímido Paulo e seu amigo Bigode finalmente chegaram à Portela. O primeiro sentou-se num canto, acabrunhado, e ficou lá, com o olho espichado, admirando os sambistas tocando em roda no meio da quadra.

Foi nesse dia que ele descobriu que ficar assim, meio de lado, observando o samba acontecer era uma das coisas de que ele mais gostava no mundo. Gostou tanto que depois voltou uma, duas, três, muitas vezes!

E foi nesse dia também que levou um susto quando ouviu uma voz dizer assim:

— Vamos lá, menino, tira o cavaquinho do saco e manda um samba seu aí!

Opa! Era com ele mesmo que Ventura, o compositor, estava falando. Desconversou:

— Melhor não, o último que eu fiz ainda está inacabado.

Mas o Ventura insistiu:

— Canta assim mesmo, menino!

© FOLHA IMAGEM

Paulinho da Viola, São Paulo, 1966.

Paulo então timidamente cantou a primeira parte do samba *Recado*:

"Leva um recado
a quem me deu tanto dissabor...".

Casquinha, bom improvisador e na época um dos mais famosos compositores da Portela, ouviu os versos do garoto e mandou a continuação de bate-pronto, assim:

"Vai dizer a minha ex-amada
que é feliz meu coração".

Esses dois versos se encaixaram tão bem com os primeiros que o novato Paulo Cesar principiara a cantar que ele riu de satisfação e concluiu: tinha mesmo muito o que aprender.

Tempos depois falaria, em *Coisas do mundo, minha nega*:

"as coisas estão no mundo, só que eu preciso aprender".

Foi assim, querendo aprender e conhecer mais daquele mundo, que o nosso personagem Paulo Cesar Baptista de Faria começou a sua história na ala de compositores da Portela. Mas isso a gente vê daqui a pouco.

Antes, muito antes disso tudo, precisamente no dia 12 de novembro de 1942, Paulo Cesar Baptista de Faria nasceu, na cidade do Rio de Janeiro, filho de Benedito Cesar Ramos de Faria e de Paulina Batista dos Santos. Paulinho teve mais dois irmãos, o Chiquinho (da foto aí ao lado) e a Luzia, uma irmã de criação que foi morar com eles quando Paulinho tinha uns sete anos.

Chiquinho, irmão de Paulinho.

Cesar Faria, pai de Paulinho, em foto feita por Jacob do Bandolim, em 1959.

Quando pequeno, antes de conhecer o samba, Paulo gostava de duas coisas. Uma delas era se refugiar no porão da casa de vila em Botafogo e ficar ali, sozinho, pensando na vida. A outra era jogar futebol. E tinha a quem puxar: a sua mãe jogou bola em um dos primeiros times de futebol feminino do Brasil, e o seu pai, Cesar, chegou a jogar futebol amador pelo Botafogo.

O estádio do glorioso Botafogo Futebol e Regatas ficava ali pelas imediações da casa do menino Paulo, na rua General Severiano. Naquele tempo não havia televisão; os grandes ídolos dos escretes (como então eram chamados os grandes times de futebol) eram cultuados pelo rádio e pelos jornais, e era um privilégio para os meninos do bairro ver os jogadores andando nas redondezas.

Se há uma coisa que a gente não explica é a paixão por um time de futebol. Assim sendo, não vamos nem tentar explicar por que, apesar de morar em Botafogo e de ninguém da sua família torcer pelo Vasco, o menino Paulo foi se identificar logo com o Vasco da Gama, o "time da Cruz de Malta".

Panorama do bairro Botafogo, Rio de Janeiro, 1939.

Ele virou tão vascaíno que deu o nome dos seus ídolos, jogadores do Vasco, a todo o seu jogo de futebol de botão. Assim, quase todos os dias aconteciam grandes clássicos do futebol no porão de sua casa. Muito tempo depois, quando já se tornara um cantor e compositor conhecido, Paulo Cesar ficou emocionado

Equipe de futebol do Vasco, década de 1960.

© ACERVO DA FAMÍLIA

Paulinho (o quarto agachado da esquerda para a direita) após partida de futebol com amigos da Portela.

quando, depois de se apresentar em um *show*, abriu a porta de seu camarim e deu de cara com três dos maiores jogadores de todos os tempos: Zizinho, Ademir e Nílton Santos. Nessa ocasião virou-se para o Ademir, do seu Vasco, artilheiro da Copa do Mundo de 1950, e falou com jeito de menino pequeno: "Você já foi meu botão!". Ouvindo isso, todos deram boas risadas.

O moleque que jogava pelada de futebol com bola feita de meia,soltava pipa, jogava bola de gude e futebol de botão feito de coco também demonstrava gosto por uma outra atividade, a marcenaria.

CID

CID

Cortar, lixar, juntar, colar e pregar madeira, criar brinquedos ou restaurar móveis e outros objetos, essas atividades sempre foram e são para ele uma grande diversão.

Um bom marceneiro, um bom artesão, precisa ter talento, disciplina, paciência e um pinguinho de teimosia. Só assim para alguém conseguir ficar o tempo necessário aprimorando uma peça até olhar para ela e pensar: pronto, acabei, agora esta mesa ou esta cadeira está pronta para ser usada e apreciada por outras pessoas.

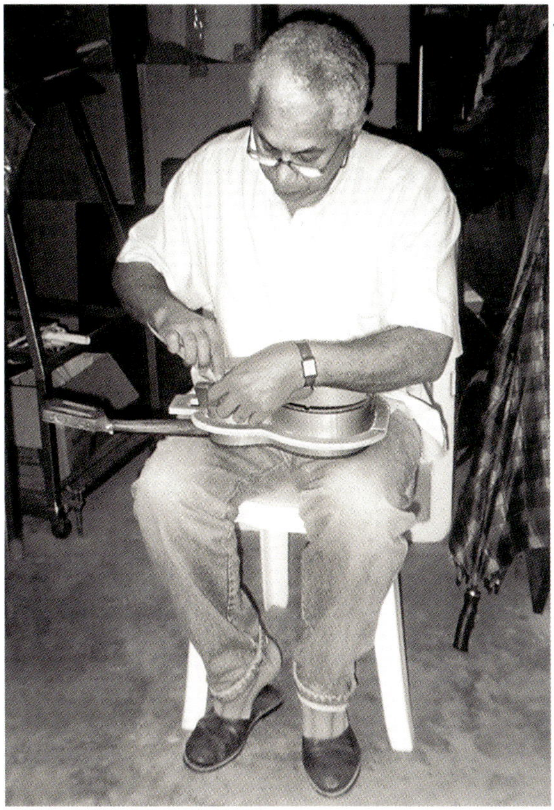

Paulinho da Viola lixando cavaquinho.

Paulinho da Viola lixando cavaquinho (detalhe).

Por mais que pareçam coisas bem diferentes, é esse espírito de artesão que Paulo usa também na confecção de suas melodias, harmonias e letras. Ele pensa a música como uma madeira bruta, como um tronco de árvore que acabou de cair. Cabe ao marceneiro então pegar as ferramentas — que neste caso são as palavras e as melodias — e ficar ali, cortando, lixando, aparando as arestas. Cabe a ele insistir, teimar, até chegar a hora em que a música está pronta para ser apreciada e virar trilha sonora da vida de muitas outras pessoas.

Paulo Cesar nasceu em berço musical. Foi observando Cesar Faria, seu pai, no violão de seis cordas,

Violão.

que teve vontade de estudar esse instrumento. Seu pai fazia parte do então famoso Conjunto Época de Ouro, liderado pelo importantíssimo bandolinista e compositor Jacob do Bandolim. Com outros integrantes, até hoje esse conjunto toca o choro. O pai de Paulinho era um chorão (assim são conhecidos os músicos que tocam choro) respeitado na cidade. Em sua casa e na de Jacob aconteciam rodas de choro memoráveis.

© FERNANDO FAVORETTO

Pandeiro para samba.

O choro, como o samba, é um gênero carioca. O choro surgiu por volta de 1870; o samba veio um tempo depois, no final da década de 1920. Os dois são gêneros bem diferentes, mas muitas vezes andaram de mãos dadas no mundo da música. O samba tem muitos

© ARQUIVO AGÊNCIA ESTADO/AE

Paulinho da Viola, sentado, tocando cavaquinho com o flautista Copinha, Cesar, Dino e Jorginho, 1974.

instrumentos de percussão, como o reco-reco, o surdo, a cuíca e o tamborim, além dos de corda, como o cavaquinho e o violão; o choro é tocado por instrumentos de sopro (trompete, trombone de vara, clarinete e flauta), de cordas (violão de seis ou de sete cordas, bandolim e cavaquinho) e um pandeiro para marcar o ritmo. Outra diferença: o samba é cantado, enquanto o choro, na maioria das vezes, é uma música instrumental. Aliás, o nosso Paulinho sempre foi um inimigo de letra em choro; ele diz que "as palavras aprisionam, engessam o choro".

CID

Clarinete.

Mas samba e choro têm também coisas em comum. Uma delas é que os dois gêneros são tocados em roda. Os músicos acompanham os movimentos uns dos outros, improvisando e inventando juntos. É como se, mais do que para se exibir, os instrumentistas estivessem ali para passar a bola um para o outro numa brincadeira séria em que ninguém quer deixar a bola cair, ou a música parar.

São esses dois rios musicais, o samba e o choro, que vão passar na vida de Paulinho e levar seu coração. E ele também diz isso em uma de suas músicas:

"Foi um rio que passou em minha vida,
e meu coração se deixou levar".

Tamborim.

Acompanhado de outros músicos, o instrumentista e compositor Pixinguinha toca um chorinho no Festival da Velha Guarda, no Clube dos Artistas, conhecido como "Clubinho", em São Paulo, 1955.

O choro dos mestres Pixinguinha e Jacob do Bandolim, o samba dos geniais poetas Cartola e Noel Rosa, essencialmente, vão dar origem à música de Paulinho. É impossível falar do sambista e chorão Paulinho da Viola sem lembrar dessas quatro figuras tão importantes.

Aos 15 anos de idade Paulo Cesar começou a aprender violão com Zé Maria, um amigo do seu pai. As aulas envolviam as técnicas do violão e a leitura de partituras.

Cesar Faria, pai de Paulinho, 1974.

Junto com esse aprendizado e com os saraus musicais na casa de Jacob e em sua própria, ele começou a se interessar pelo Carnaval ou, mais precisamente, pela música tocada e cantada nos blocos de rua carnavalescos. Um tempo depois acabou fundando um bloco com um grupo de amigos chamado "Foliões da Rua Anália Franco". Essa rua ficava em Vila Valqueire, onde morava a Tia Trindade, irmã de dona Paulina.

© ADHEMAR VENEZIANO/ABRIL IMAGENS

Paulinho tocando cavaquinho, 1975.

ADRIANA CALDERONI/AGÊNCIA O GLOBO

Bloco Cordão do Bola Preta, o mais tradicional do Rio de Janeiro, em atividade desde 1918. Rio de Janeiro, 2001.

Com um grupo de samba, Paulo Cesar tocava pelos bairros o ano todo, divertindo as pessoas na casa de Elias, Foca e Dona Paula. A insegura mão direita do violão de seis cordas, que Zé Maria ajudava a desenvolver, ia ganhando a precisão de sambista e de chorão. No futuro, Paulo iria tocar muito bem também o cavaquinho.

Neste momento de nosso relato é possível que você, leitor, já tenha percebido que estamos andamos para frente e para trás na história desse nosso personagem.

À medida que a gente conhece melhor a vida dele, vai descobrindo que essa vontade de contar as coisas meio fora da ordem tem uma explicação: o menino que nasceu Paulo Cesar e só depois de adulto vai virar Paulinho carrega consigo simultaneamente as experiências e os sentimentos de várias épocas diferentes. Faz isso tão naturalmente que algumas pessoas chegam a acreditar que ele "vive do passado".

Então deixemos que ele mesmo responda, com a fala mansa que lhe é característica:

"tudo o que eu vivi, e até coisas que eu não vivi ainda estão presentes para mim. Eu não vivo do passado, o passado é que vive em mim".

Um passado como aquele que vimos lá no começo, quando Paulo chegou à Portela naquela manhã de 1964.

Paulinho da Viola e Elton Medeiros, em foto de Arley Pereira, jornalista e amigo de ambos, 1969.

Já conhecido em alguns redutos de samba, ele também trabalhava em um banco para sobreviver e achava que no futuro seria contador ou economista. Tudo teria sido assim mesmo se "achar" não fosse uma coisa tão diferente de "querer". O caso aqui é que o coração pulsava forte pela música, mais precisamente pelo samba e pelo choro. Os amigos dele também sabiam disso e por isso iam quase todo dia buscá-lo na saída do trabalho para as boêmias noites musicais.

Certo dia Paulo estava trabalhando no banco, quando avistou um rosto conhecido. Tomou coragem, bateu no ombro do cliente e perguntou se não se conheciam de algum lugar.

— Não — disse o homem.

— Acho que sim, de algum samba da cidade — insistiu Paulo.

— Acho difícil.

— Não seria dos saraus da casa do seu Jacob?

Foi então que o poeta Hermínio Bello de Carvalho, fã incondicional de Jacob do Bandolim, abriu o primeiro sorriso para o jovem à sua frente:

— Claro que pode ser!

Hermínio simpatizou com o rapaz e, descobrindo que Paulo era filho do Cesar Faria, convidou o jovem para ir à sua casa no Catete. Mal sabiam eles que esse era um encontro muito especial, e não poderiam mesmo saber, porque essas coisas a gente só percebe depois, muito depois. Na casa de Hermínio, Paulinho foi apresentado a sambas de compositores como Zé Kéti, Elton Medeiros, Carlos Cachaça, Cartola e Nelson Cavaquinho.

Aos poucos, com mais intimidade, arriscou mostrar alguns dos seus sambas. A partir daí, Hermínio percebeu

Elizete Cardoso e Hermínio Bello de Carvalho, Rio de Janeiro, 1988.

que, além de um novo amigo, tinha ganhado também um grande parceiro. As portas da música popular e do reconhecimento profissional estavam se abrindo para o jovem portelense.

No começo de 1964 Hermínio Bello de Carvalho passou a levar Paulinho para um bar recém-aberto no centro da cidade. Na verdade não era apenas um bar. Era uma casa de samba onde se reuniam para tocar e conversar as figuras mais importantes da música carioca. O nome da casa? Zicartola, a junção dos nomes dos donos daquele lugar: o casal Zica e Cartola. Cartola fazia a música, Zica cuidava da comida.

WALTER FIRMO

E aqui vale a pena parar um pouquinho para falar dessa figura que já naquela época era chamada de "divino": Cartola, grande compositor da escola de samba Mangueira, era um homem muito importante na opinião daqueles que gostavam e conheciam um pouco de samba.

O divino Cartola (com o violão) foi uma grande referência para a formação do sambista Paulinho da Viola.

© ACERVO DA FAMÍLIA

Paulinho com Carlos Cachaça, um dos fundadores da Mangueira.

Para aquele menino que estava começando a se aventurar nos primeiros versos e melodias, ver Cartola e seus companheiros tocando e cantando era realmente um privilégio.

No sobrado do Zicartola, na rua da Carioca, Paulo Cesar tinha chance de exercitar o seu violão e também de praticar aquele seu passatempo predileto: observar o samba. Ficar ali parado, com olhos brilhando e ouvidos bem abertos, tentando absorver o máximo daquele momento. Sim, porque ali na sua frente sentados em roda estavam os sambistas que seriam para sempre os seus grandes mestres. Ainda hoje, quando se refere a Nelson Cavaquinho, Ismael Silva, Guilherme de Brito, Carlos Cachaça e Zé Kéti, ele diz:

"A minha paixão por esse pessoal, minha admiração sempre foi tão grande e é até hoje, que eu sempre tive a sensação de que não fiz uma única coisa que se aproximasse do que eles fizeram".

E foi no Zicartola também que Paulo Cesar Baptista de Faria foi novamente batizado. Ah, sim, porque, do mesmo jeito que um ator de televisão precisa ter um nome artístico, um bom sambista não pode ser chamado de Paulo Cesar. Numa daquelas longas noites, Zé Kéti, grande portelense, conversava com o jornalista Sérgio Cabral e dizia exatamente isso. Elogiava a musicalidade do garoto, sua voz terna, afinada, seu violão bem tocado, mas reclamava do nome, que não combinava com o de um sambista.

Com Zé Kéti.

E dizendo isso teve uma idéia:

— Que tal Paulo da Viola? — disse Zé, certamente inspirado em Mano Décio da Viola, veterano compositor do Império Serrano.

— Paulinho... Paulinho da Viola é melhor — completou Sérgio Cabral.

Com o consentimento daquele que Zé Kéti passaria a chamar de pupilo, estava resolvido: Paulinho dali para frente seria também "da Viola". Ao mestre, o pupilo retribuiu com gratidão e raro talento.

Chegou, então, o ponto da nossa história em que Paulinho vai largar o emprego no banco. Foi uma escolha natural, mas também difícil. Ele sabia que seu pai nunca tinha vivido só de música e que para um cantor e compositor popular a caminhada era dura.

A música popular conquistava cada vez mais espaço. Era essa a música que as pessoas gostavam de cantar e dançar na década de 1960, mas daí a gravar discos, ser reconhecido e conseguir viver de música havia uma distância grande.

Apesar disso tudo, sua aspiração era ter um violão para se tornar sambista. E aos 24 anos, como que dando a prova final de que tinha feito a escolha certa, Paulinho, com suas mãos de artesão, transformou essa escolha em música e poesia.

Paulinho da Viola tocando no jardim.

"Tinha eu catorze anos de idade
Quando meu pai me chamou.
Perguntou-me se eu queria
Estudar filosofia, medicina ou engenharia.
Tinha eu que ser doutor.
Mas a minha aspiração era ter um violão
Para me tornar sambista.
Ele então me aconselhou:
'Sambista não tem valor nesta terra de doutor'.
É, seu doutor, o meu pai tinha razão..."

(Paulinho da Viola, *Catorze anos*.

O cenário do Zicartola, unindo jovens músicos da Zona Sul e da Zona Norte do Rio — "o túnel novo do samba", segundo um crítico —, revelava também algumas rixas entre os defensores da tradição e as pessoas que achavam que era hora de renovação. Paulinho, Hermínio e sua turma não se enquadravam em nenhum desses dois grupos. Eles achavam que era possível fazer samba de um jeito novo sem esquecer tudo de bom que já existia.

E esse debate todo esquentava num momento em que uma parcela dos jovens da classe média se engajava em outra luta, a luta pela democracia.

Em 1964 os militares depuseram o então presidente João Goulart e instauraram uma ditadura no país. O Congresso Nacional foi fechado e os partidos políticos, proibidos. As pessoas que faziam oposição ao regime militar passaram a ser perseguidas. Quem pensasse diferente dos "milicos" era preso, torturado e "desaparecia" por um tempo ou para sempre.

Não foi diferente na área cultural e particularmente no universo musical. Impedida de fazer manifestações públicas, de participar de partidos políticos, a juventude encontrou nos festivais de música organizados por emissoras de televisão um espaço para opinar, participar e reivindicar.

Um espetáculo que tinha o sugestivo nome de *Opinião*, dirigido por Augusto Boal e tendo como protagonistas

Passeata dos Cem Mil contra a ditadura militar, Rio de Janeiro, 1968. Estavam presentes os compositores Edu Lobo, Chico Buarque, Caetano Veloso, Gilberto Gil, Milton Nascimento; os atores Paulo Autran, Renato Borghi, José Celso Martinez Correa, Othon Bastos e a cantora Nana Caymmi entre outros artistas.

os compositores Zé Kéti e João do Vale e a cantora Nara Leão, foi o primeiro musical a contestar de forma acintosa a ditadura instaurada:

"Podem me prender
Podem me bater
Que eu não mudo de opinião
Daqui do morro eu não saio, não".

Assim cantou a música de Zé Kéti. E Paulinho estava lá, entre aqueles que defendiam o direito de se expressar, de discordar e, no caso dos músicos, até de trabalhar, já que também nesse período muitas músicas eram censuradas e proibidas. Sua participação nos festivais ficou marcada na história da música popular brasileira, bem como a de alguns dos grandes nomes de sua geração, como Chico Buarque, Caetano Veloso, Gilberto Gil, Edu Lobo, Milton Nascimento, Geraldo Vandré, dentre outros.

Geralmente organizados pela tevê Record, de São Paulo, os festivais eram competições, mas também momentos de festa, de celebração da nossa arte, de divulgação e reconhecimento do trabalho de grandes talentos conhecidos ou desconhecidos do público.

Com Hermínio Bello de Carvalho, o poeta de quem ficou muito amigo a partir do episódio no banco, Paulinho concorreu em 1968 com o samba *Sei lá, Mangueira*.

Geraldo Vandré no Festival Internacional da Canção, 1968.

© MARCIO CAPOVILLA/ABRIL IMAGENS

Paulinho da Viola e sua geração dos festivais da canção, ainda em plena atividade: Caetano Veloso, Gilberto Gil, João Bosco e Djavan.

Escola de samba é que nem time de futebol, o amor por uma ou por outra é tão grande que, como diz a letra de *Sei lá, Mangueira*, "não cabe explicação". Depois do sucesso dessa música, a turma da Portela chiou, enciumada, não queria nem saber que Paulinho era o autor da melodia, e não da letra. Sempre fiel a sua Portela, ele respondeu anos depois sem mágoa e com mais inspiração. *Foi um rio que passou em minha vida* é até hoje uma das músicas mais lembradas quando se fala da Portela e também quando se fala de Paulinho.

Mas foi com *Sinal fechado*, em 1969, que Paulinho da Viola arrebatou finalmente o seu primeiro prêmio no último festival da Record.

Ele se inspirou em duas situações para escrever essa letra. A primeira, vivida na época da ditadura: um sujeito sempre passava por ele e dizia que precisava muito falar-lhe, tinha uma coisa muito importante para dizer, mas nunca dizia. A outra foi um sonho: ele precisava falar com uma pessoa e tentava chegar até ela, mas não conseguia.

Essas duas idéias nas mãos de um carpinteiro das palavras deram origem à obra de arte ao lado.

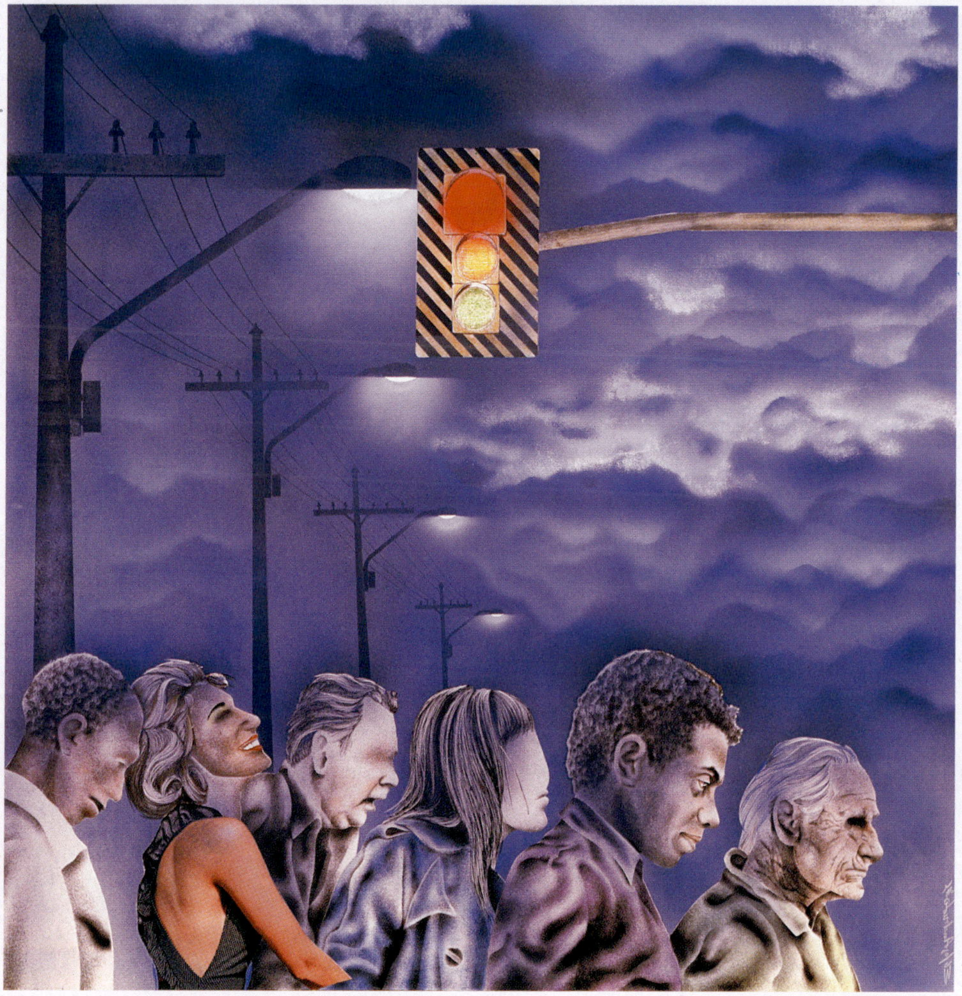

Ilustração de Elifas Andreato para *Sinal fechado*.

"Olá, como vai?
Eu vou indo. E você, tudo bem?
Tudo bem. Eu vou indo correndo, pegar meu lugar no futuro. E você?
Tudo bem. Eu vou indo em busca de um sono tranqüilo, quem sabe?
Quanto tempo!
Pois é, quanto tempo!
Me perdoe a pressa. É a alma dos nossos negócios.
Oh, não tem de quê. Eu também só ando a cem.
Quando é que você telefona? Precisamos nos ver por aí.
Pra semana, prometo... talvez nos vejamos, quem sabe?...
Quanto tempo!
Pois é... Quanto tempo!
Tanta coisa que eu tinha a dizer, mas eu sumi na poeira das ruas!
Eu também tenho algo a dizer, mas me foge a lembrança!
Por favor, telefone! Eu preciso beber alguma coisa rapidamente...
Pra semana...
O sinal...
Eu procuro você!
Vai abrir, vai abrir...
Eu prometo... não esqueço! Não esqueço...
Por favor, não esqueça! Não esqueça...
Adeus...
Adeus...
Adeus..."

(Paulinho da Viola, *Sinal fechado*. © Warner Chappell Edições Musicais Ltda. Todos os direitos reservados.)

© MARCO ANTONIO TEIXEIRA/AGÊNCIA O GLOBO

Encontro entre Elton Medeiros e Paulinho da Viola, 1997.

© LEONARDO AVERSA/AGÊNCIA O GLOBO

O poeta Sérgio Natureza, parceiro de Paulinho em músicas como *Mar grande*.

Paulinho fez samba com parceiros e amigos de muito talento: os poetas Sérgio Natureza, Ferreira Gullar, Candeia e Martinho da Vila. Mas seu principal parceiro é Elton Medeiros, melodista e ritmista de mão cheia, que gosta de bater samba em caixinha de fósforo. Elton, um pouco mais velho do que Paulinho, criou com o amigo belos sambas. *Recomeçar* e *Onde a dor não tem razão* são dois exemplos. Um dia Paulinho disse: "Sempre que eu e Elton nos vemos, seja onde for, é inevitável fazermos um, dois ou mais sambas".

Ainda com Elton, Paulinho participou do grupo A Voz do Morro e do espetáculo *Rosa de Ouro*, organizado por Hermínio Bello de Carvalho. Por meio desse espetáculo, que correu o país, o Brasil conheceu a voz bela e forte de Clementina de Jesus, uma senhora mangueirense de 63 anos que cantava jongo, corimá, moda, partido-alto, samba como se recuperasse os gritos de liberdade dos seus antepassados negros que tanto sofreram com a escravidão no Brasil.

© CEDOC/FUNARTE

Show do grupo Rosa de Ouro. À frente, a cantora Araci Cortes, que fazia duo no musical com Clementina de Jesus; à esquerda, com o violão, Paulinho da Viola.

Em 1968, mesmo ano em que Paulo Cesar gravou o primeiro LP sozinho, na gravadora Odeon, com a obra-prima *Coisas do mundo, minha nega*, ele se casou com Isa. Dessa relação nasceram as filhas Íris e Julieta. Paulinho já era pai de Eliane, hoje valorosa cantora de samba, nascida em 1965, fruto do seu romance com Alcinéia, passista da escola de samba do Salgueiro.

Em 1978 ele casou com Lila Rabello, irmã de dois excelentes músicos e instrumentistas brasileiros: Raphael, o mais prodigioso violonista de sua geração, e Luciana, a primeira mulher a ter notoriedade tocando cavaquinho.

Lila e Paulinho tiveram quatro filhos: Beatriz, Cecília, João Paulo e Pedro. João Paulo abraçou o gosto do avô e do pai pelo violão.

Paulinho da Viola
com João Paulo e Cecília, 1982.

© ACERVO DA FAMÍLIA

Paulinho da Viola com a família, s/d.

Hoje, Paulinho da Viola é uma grande referência na história da música brasileira. É um compositor e cantor dos mais valorosos, que bebe em ricas fontes musicais, fazendo da tradição um estímulo de suas modernas músicas.

© LEONARDO AVERSA/ AGÊNCIA O GLOBO

Paulinho da Viola com Rafael Rabello à esquerda e Paulo Moura à direita, 1992.

Ilustração de Elifas Andreato para o LP "Memória chorando".

Em 1976 selou definitivamente seu brilhantismo no universo da música popular brasileira com dois LPs: o "Memória cantando" e o "Memória chorando" — dois momentos únicos do samba e do choro, ritmos que ele incentivou e defendeu como poucos.

Em 1992 recebeu o Prêmio Shell pelo conjunto de sua obra. Em 1996 estreou o show *Bebadosamba*, que já foi também lançado em CD. Encontramos aí sua história, seus amigos, seus parceiros, suas músicas, sua vida. Em *Bebadosamba*, uma homenagem aos personagens que fizeram a história do gênero, o mestre do verso Paulinho da Viola diz assim:

Paulinho e sua cuíca, no show Bebadosamba, no Canecão, Rio de Janeiro, 1997.

"Bebadosamba, bebadosamba,
bebadosamba, bebadosamba,
Meu bem.
Bebadosamba, bebadosamba
Bebadosamba, bebadachama,
Também..."

(Paulinho da Viola, *Bebadosamba*.

O começo do novo milênio trouxe boas novidades para o já sessentão Paulinho. Foram muitas as homenagens; dentre elas um livro e um filme sobre sua vida.

Mas talvez nada tenha se comparado à emoção daquela noite de segunda-feira, em 1995, quando, depois de 17 anos, desfilou novamente na sua escola do coração. Naquele dia pareceu voltar no tempo para uma bela manhã de 1964, primeiro dia em que pisou na quadra da sua azul-e-branco. Das arquibancadas do Sambódromo, no Rio de Janeiro, ouvia-se da boca do povo:

"Ô skindô lalá,
Ô skindô lelê,
olha só quem vem lá
É o Saci-Pererê..."

(*Lendas e mistérios da Amazônia*, de Catoni, Jabolô e Valtenir.)

© CARLOS WREDE/AGÊNCIA O DIA

No desfile da Portela, em 2004.

E ele ali, na comissão de frente, junto com a Velha Guarda. Os mestres, as músicas, os gritos, tudo se misturava na sua cabeça. E ele parou para observar e para absorver o máximo daqueles momentos.

Era como se, depois de uma longa separação, no retorno de Paulinho à Sapucaí, ele ouvisse também, lá de longe, uma voz cantando a trilha sonora de sua vida. Era a voz de mestre Monarco, um portelense representante da melhor estirpe de Oswaldo Cruz, que dizia assim:

> "Antigamente era Paulo da Portela.
> Agora é Paulinho da Viola.
> Paulo da Portela, nosso professor.
> Paulinho da Viola, o seu sucessor.
> Vejam que coisa mais bela,
> o passado e o presente da nossa querida Portela..."

(*De Paulo da Portela a Paulinho da Viola,* de Monarco e Francisco Santana. © BMG Music Publishing Brasil Ltda./Artes.)

Águia, símbolo da Portela, durante desfile da escola, 2002.

Então Paulinho da Viola, padrinho e afilhado da Velha Guarda da Portela, cantor, compositor, poeta e artesão, foi proclamado Príncipe do Samba — e se deu conta, mais uma vez, de que ainda tinha muito o que aprender. Riu e cantarolou baixinho:

"As coisas estão no mundo, só que eu preciso aprender."

Apresentação no Rio Show Festival, 1991.